Para Asun, por ayudarme a cambiar la mirada.
Para Mabel, Noemí, Gabriela, Claudia, Pablo, Cristina, Elena, Mª Jesús,
Esperanza, Leticia, Mariana, Teresa, Ramón, Irene, Carme, Gabriel, Isidro,
Violeta, Raquel, Alfonso y Rebeca, por pintar mis palabras.

Javier Sobrino

A Martín Pargana, amigo de sol y bicicleta.
A Mariona Cabassa, a Jorge Zentner y a su pequeño gran tesoro: Martín.
A ellos, y a todos los soñadores.

Rebeca Luciani

Colección libros para soñar

© del texto: Javier Sobrino, 2008
© de las ilustraciones: Rebeca Luciani, 2008
© de esta edición: Kalandraka Ediciones Andalucía, 2008
Avión Cuatro Vientos, 7 - 41013 Sevilla
Telefax: 954 095 558
andalucia@kalandraka.com
www.kalandraka.com

Impreso en C/A Gráfica, Vigo
Primera edición: noviembre, 2008
ISBN: 978-84-96388-87-1
DL: SE 5214-2008
Reservados todos los derechos

Esta obra ha sido publicada con una subvención de la Dirección General del Libro,
Archivos y Bibliotecas del Ministerio de Cultura para su préstamo público en Bibliotecas Públicas,
de acuerdo con lo previsto en el artículo 37.2 de la Ley de Propiedad Intelectual.

La nube de Martín

JAVIER SOBRINO
REBECA LUCIANI

kalandraka

Soy Martín, tengo una gata, un ojo de cada color y una nube.

Me subo a ella todos los días,

por la mañana, por la tarde o por la noche.

No importa que esté en la cama, en el parque o en el metro.

A veces, paso mucho tiempo en ella; otras, un poco menos.

Da igual que llueva, nieve, haga sol o sople el viento.

Estoy encantado con mi nube; aunque no les gusta a todos.

Hoy me subí a la nube muy temprano
y leí cuentos a mi abuela,

y fui farero en la ciudad,

y coloreé las chabolas de mi barrio,

y olí el pelo de Isabelle, mi profesora de francés,

y volé subido en un albatros,

y soñé los sueños de las sirenas,

y contemplé árboles de lluvia,

y exploré la selva montado en un jaguar,

y jugué con animales olvidados,

y regué el desierto del Sáhara...

Pero me caí de la nube al oír la voz de Lía.

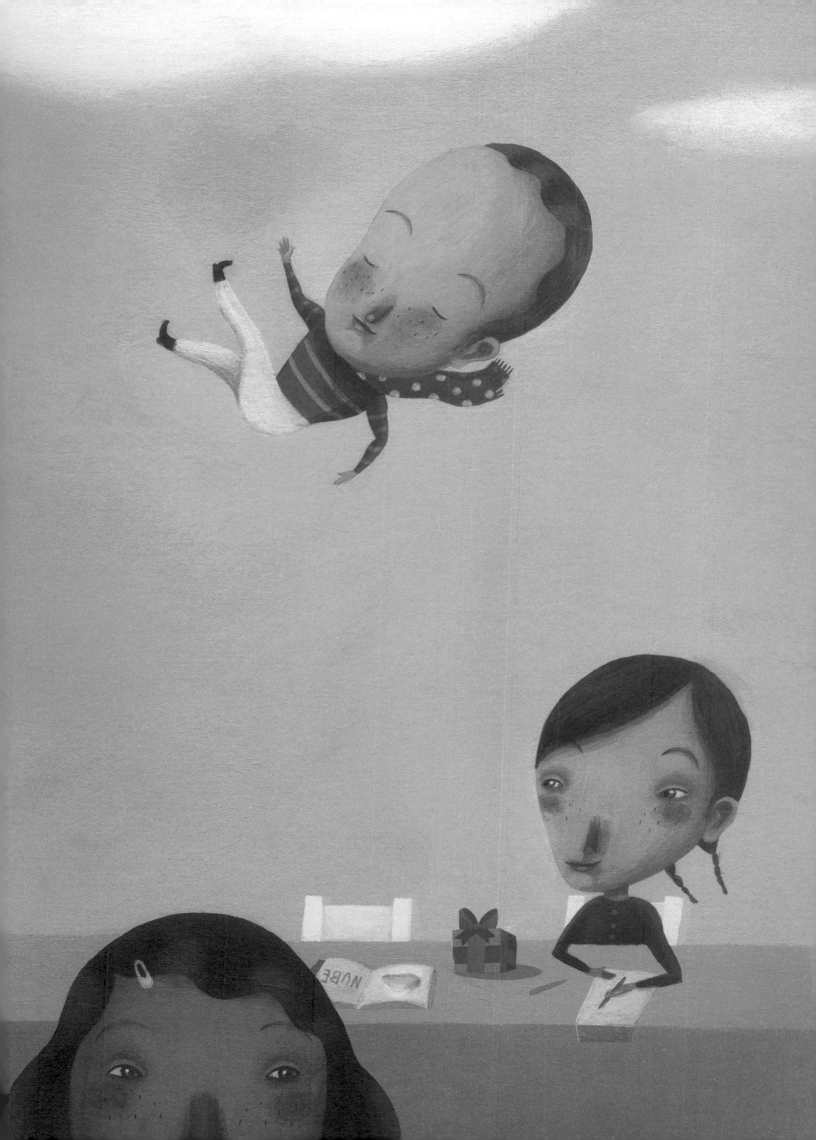

«Mira lo que te he traído,
como sé que te gusta tanto».

Mis ojos se llenaron de alegría,
sentí vergüenza pero sonreí y le hice sitio a mi lado.
Mi boca se inundó con el sabor del chocolate.
Poco a poco, una nube nos fue envolviendo y Lía sonrió.

«¡Qué bien se está en nuestra nube!».